# ある日の教頭先生

こんなことがありました

小林 武雄

随想舎

# ある日の教頭先生

## こんなことがありました

# はじめに

はじめに

これは実話です
実際にあったことを
そのまま書いたものです
平成八年頃のことなので
今の時代に合わないところが
あるかもしれません

# ある日の教頭先生

こんなことがありました

## 目次

# ある日の教頭先生

こんなことがありました

# 平成八年四月八日　始業式

桜の花が、春風に吹かれて校庭に散っています。

子どもたちの元気な声が、校庭いっぱいに広がっています。それぞれ一学年ずつ進級したため、子どもたちはうれしいのです。そのうれしさをかくしきれないように、元気にはしゃぎ回っているのです。

でも、ちょっぴり不安もあるようです。今度の担任の先生はだれだろうか。優しい先生だろうか厳しい先生だろうか、などなど。

平成八年四月八日　始業式

そして、いよいよ、新年度第一学期始業式が始まりました。君が代斉唱、校歌斉唱の後に校長先生のお話があり、続いて担任発表となりました。

「○年○組○○先生」

「○年○組○○先生」

担任が発表されるごとに歓声があがりました。なかには、「○年

○組○○先生」と言っても歓声があがらない場合もありました。厳しい先生の場合は、しょんぼりしているのです。

そして、とにもかくにも平成八年度第一学期始業式が終了したのです。

平成八年四月八日　始業式

# 四月〇日　二階の窓から

始業式が終わって何日かが過ぎました。もう桜の花も散って葉桜となりました。
きょうはとてもよい天気なので、教頭先生は、休み時間に子どもたちの元気に遊ぶ様子を観祭しながら、校庭を歩いていました。すると、二階の窓から
「きょうとうせんせー」

と、呼ぶ声がしました。振り向くと、二階の窓から六年生の女の子たちが、にこにこしながら手を振っていました。

教頭先生は、とてもうれしくなりました。そして、教頭先生も二階の子どもたちに向かって、にこにこしながら手を振りました。

教頭先生は、今学校でとても人気のある先生なのです。それは、出来るだけ授業に出て子どもに接し、手品や落語などをやってあげたり、また、休み時間にも出来るだけ外に出て、子どもと一緒に遊んだりしているからなのです。

教頭先生は、今年六十歳になり、間もなく定年退職となるのです。今は、教育の本質がよく分かり、毎日を楽しく過ごしているのでした。教頭先生は、今、先生になって本当によかったと、しみじみ考えているのでした。

# 四月〇日　先生大好き

四月も下旬になって、辺りの新緑が益々美しい季節になりました。学校は、校舎も校庭もまぶしいくらいの新緑に包まれています。

教頭先生は、休み時間に、校舎内を点検しながら廊下を歩いていました。すると、いつの間にか、三年生の女の子が三人、教頭先生の後ろについて歩いていていました。

教頭先生が後ろを振り向くと、女の子たちが、にこにこしながらこう言いました。

「教頭先生、私たちはどうして教頭先生の後ろについて歩いているのか分かりますか」

教頭先生が「分からない」と言うと、女の子たちはこう言いました。

「私たちは、教頭先生が大好きだからだよ」

これを聞いて、教頭先生は、うれしくてうれしくて涙が出るほどうれしい気持ちになったのでした。子どもたちが、自分を信頼してくれている。自分を慕ってくれている。これが、教育の原点だと思ったからです。教頭先生は、これまでの苦労がいっぺんに吹き飛んだ気持ちになったのでした。

四月〇日　先生大好き

# 五月〇日　鬼ごっこ

五月の太陽がますます明るく輝いています。校庭に爽やかな風が吹いています。

教頭先生は、いつものように、休み時間に校庭に出て、子どもたちの様子を観察しながら歩いていました。

すると、タイヤの遊具のある所で、鬼ごっこをして遊んでいた五年生の男の子たちが、

「教頭先生、一緒に鬼ごっこをしませんか」

と、言いました。教頭先生は、

「うん、やろう」

と言って、すぐに鬼ごっこに混ざりました。

先生が、子どもと一緒に遊ぶこと、これはとても大切なことなのだと、教頭先生は、若い時から、ずっと思っていたことなのです。

そのうちにチャイムが鳴って、三時間目の授業が始まりました。

子どもたちは、

「教頭先生、またあした遊ぼうね」

と言って、元気よく教室へ走って行きました。

五月〇日　鬼ごっこ

# 五月〇日、一年補教

それからまた何日か経って、野山の緑が一層濃くなってきました。教頭先生は、きょうは一年生の先生が研修会で出張したため、補教に行きました。補教というのは、クラスの担任の先生が休んだ場合に、代わりにそのクラスへ行って勉強を教えることなのです。普通は、どこの学校でも、校長や教頭は補教はやらないのですが、この教頭先生は子どもが大好きなので、進んで補教に出ることが多かったのです。

教頭先生が教室へ入ると、一年生の子どもたちが目を丸くして、一斉に先生を見つめていました。みんなとても緊張している様子でした。

教頭先生は、まず初めに手品をやって見せました。初めに手のひらを開いて見せ、何も無いことを知らせました。次に、おまじないをかけて手を開くと、中から赤いハンカチが出てきました。子どもたちは、目を丸くして不思議そうに見つめていました。教頭先生は、こんな子どもたちが、可愛くて可愛くて仕方がありませんでした。

次に、教頭先生は、イソップの「ありときりぎりす」のお話をしてあげました。

その後で、算数の勉強に入りました。

五月〇日、一年補教

# 五月〇日　すもう

明るい五月の太陽の光がさんさんと校庭に降り注いでいます。爽やかな五月の風が吹いています。なんて気持ちのよい日でしょうか。

教頭先生は、いつものように、休み時間に校庭に出て、子どもたちの様子を観察しながら歩いていました。

すると、今年大学を出て先生になったばかりの女の先生が、教頭先生の方に近づいてきて、こう言ったのです。

五月○日　すもう

「教頭先生、相撲とりましょう」

と。これには、教頭先生も驚いてしまいました。まさか、女の先生からこんなことを言われるなんて、夢にも思ったことが無いからです。この先生は、とても明るい性格で、天真爛漫なのです。

教頭先生は、あまりにも突然のことなので、少し考えてしまいました。女の先生と相撲をとっても負けることはないだろう。でも、万が一子どもたちが見ているまえで、負けるようなことがあったら、とても恥ずかしいことだ。そう思ったので、教頭先生は、「やらないよ」と言ったのでした。でも、後で考えてみたら、やっぱり、相撲をとった方がよかったのかなあとも思ったのでした。

五月〇日　すもう

# 五月〇日　三年補教

毎日五月晴れの天気が続いています。毎日爽やかな心地よい風が吹いています。

きょうは、三年生の先生がかぜをひいて休んだために、教頭先生は、三年生の教室へ補教に行きました。

教頭先生は、初めに落語をやってあげました。「まんじゅうこわい」の落語をやってあげたのです。子どもたちは、目を丸くしてよく話を聞いてくれました。

次に、手品をやってあげました。初めに手のひらを開いて見せ、何も無いことを見せてから、おまじないをかけて手を開くと、赤いハンカチが出てきました。子どもたちは目を丸くして、驚いて見ていました。

落語と手品をやってから授業に入りました。授業は国語で、「ごんぎつね」を学習しました。教頭先生は、「ごんぎつね」を朗読してあげました。教頭先生は、小さい頃から朗読が好きだったし、NHKの朗読講座を受けたことがあり、朗読が得意だったのです。

教頭先生は、感情を込めて「ごんぎつね」を読んであげました。子どもたちは、目を丸くして「ごんぎつね」の話に聞き入っていました。

五月〇日　三年補教

# 六月〇日　教生指導

六月に入って、毎日うっとうしい日が続いています。教頭先生は、きょうは教生の学生に、理科の授業をやって見せました。教生の学生というのは、将来学校の先生になる大学の学生が、学校へ来て実習をすることなのです。

教生の学生は、教頭先生の授業を見て、とても感心したようでした。教頭先生の授業はとても変わった授業でした。

六月〇日　教生指導

普通の先生は、子どもがおしゃべりをして騒がしい時に、「静かにしなさい」と言って注意をするのに、教頭先生は注意をしないで、ただ黙って子どもの方を見つめているのです。そうすると、子どもの方で気が付いて、これは静かにしなさいということなのだなと思って、自然に静かになるのです。これは、教頭先生が、若い時からずっと研究をしてきた指導法なのでした。このやり方は、教生の学生にとっては、とても不思議に思えたようでした。

悪い子どもがいても、すぐに強く叱ることはしないで、自然に本人に気付かせるようにする。これが教頭先生が長年研究してきたことだったのです。

教頭先生は、数生の学生に褒められて、とてもうれしそうでした。

六月〇日　教生指導

# 六日〇日　ソフトボール

きょうは、朝から晩までよく晴れてとても素晴らしい天気でした。校庭の端にあるざくろの木に、真っ赤なざくろの花がたくさん咲いています。青い空に映えてとてもきれいです。

木曜日の六時間目は、クラブ活動の時間です。きょうは、ソフトボールクラブの先生が用事があって休暇をとったので、教頭先生が補教に出ました。

六日〇日　ソフトボール

教頭先生の打った玉が、青い空に高々と飛んでいきました。ホームランでした。久々に運動をして、教頭先生はとても爽やかな気分になったのでした。

六日〇日　ソフトボール

# 七月〇日　きゅうり

七月○日　きゅうり

やっとつゆが明けて、夏が真っ盛りとなりました。二階の職員室の窓から、校庭の花壇に、真っ赤なサルビアの花が見えます。きょうは夏休みで、学校は、普段と違ってとても静かです。

教頭先生は、きょうも静かな職員室で教育委員会へ提出する書類を書いていました。すると、とんとんと階段を上がる音がして、だれかが職員室へ入ってきました。三年生のT君のお母さんでした。

「教頭先生は、いつも三年生の教室へ来て、手品をやったり、落語を聞かせてくれたりしてくれるそうですね。うちの子は、教頭先生が大好きなんですよ。これ、うちで採れたきゅうりです。食べてください」

そう言って、Tさんは採りたてのきゅうりを五本持ってきてくれました。

また、Tさんは、こんな話もしてくれました。

「先週の日曜日、教頭先生は、奥さんと一緒に学校の花壇の草むしりをしていたのを見ましたよ。教頭先生は、この学校のことを本当に思ってくれているんですね。教頭先生、他の学校へ行かないでください。いつまでもこの学校にいてください」

Tさんはこんなことを話して帰って行きました。

七月○日　きゅうり

## 八月〇日　夏祭り

きょうは、街の夏祭りがありました。教頭先生は、早速お祭り見物に出掛けて行きました。教頭先生は、お囃子が大好きだったのです。教頭先生が、雨が降る中、逞しい男たちがおみこしをかついでいる様子を見ていたら、

「小林先生ですか」

と、後ろから声を掛けられました。教頭先生が後ろを振り向く

と、そこに浴衣姿の若い女性が三人立っていました。

それは、教頭先生が、数年前、まだ担任を持っていた時の教え子だったのです。

彼女たちは、こんな話をしてくれたのでした。

「先生は、授業中、よくお話をしてくれましたね。手品もよくしてくれましたね。落語も面白かったです。特に『まんじゅうこわい』

が面白かったです。毎日、学校がとても楽しかったです。それに先生の勉強は分かりやすかったです。先生は、ゆっくり繰り返し勉強を教えてくれたのでとても分かりやすかったです」

と、こんな話をしてくれたのでした。

教頭先生は、教え子に会えて本当によかったと思いました。

# 八月〇日　海水浴おみやげ

夏休みも、残り少なくなってきました。子どものいない学校はとても静かです。校庭のどこからか、蝉の声が聞こえています。

教頭先生は、静かな職員室で、書類の仕事をしていました。すると、だれかが階段を上がってくる音がして、職員室へ入ってきました。

それは、三年生のM君という男の子でした。M君は、教頭先生の机の前に来て、こう言いました。

「教頭先生、はい、おみやげだよ。あのね、きのう、家族で大洗へ行ったんだよ。だから、教頭先生におみやげ買ってきてあげたんだよ」

「わー、ありがとうね、楽しかった?」

「うん、とっても楽しかったよ」

教頭先生は、早速おみやげの箱を開けてみました。それは、貝で出来た小さな置物でした。教頭先生は、早速机の上に飾りました。

M君は、体は大きいが、気持ちがとても優しい子どもでした。教頭先生にとてもなついていて、廊下で会ったりすると、すぐに抱きついたり、背中にとびついたりする子どもでした。

# 九月〇日　クッキー

すっかり秋めいてきました。校庭のどこからか、つくつくぼうしの声が聞こえてきます。

きょうは土曜日で、授業は午前中まで、午後は児童も先生もみんな帰ってしまいました。でも、教頭先生はまだ学校に残っています。教頭先生は、仕事が遅いのです。だから、土曜の午後でも、時には日曜日でも、時々学校へ来て仕事をすることがあったのです。

九月〇日　クッキー

さっきまでにぎやかだった広い校庭に、今は全く人の姿は見られません。教頭先生が一生懸命書類の仕事をしていると、とんとんとんと、だれかが階段を上がってくる音がしました。だれだろうと思っていたら、六年生の女の子が二人、職員室へ入ってきたのです。そして、

「教頭先生、クッキーを作ったので食べてください」

と言って、きれいな紙袋に包んだクッキーを渡してくれたのです。それは六年生のA子とK子という子どもでした。クラス担任でもないのにクッキーを作って持ってきてくれたのです。なんて可愛い子どもだろう。なんて優しい子どもでしょう。教頭先生は、涙が出るほどうれしい気持ちになったのでした。

# 九月〇日　一年補教

きょうは、朝から晩まで、雲一つない秋晴れの素晴らしい天気でした。

きょうは、一年生の先生が休暇をとったために、教頭先生が補教に行きました。教頭先生が、一年生の教室の戸を開けたとたんに、「ワー」と言う歓声が上がりました。それは、この前教頭先生が来た時に、手品をやってあげたり、イソップのお話をしてあげたりしてあげたからなのです。

教頭先生は、きょうも手品とお話をしてあげました。きょうは、イソップの「ライオンとねずみ」のお話をしてあげました。

教頭先生は、お話をする前に、黒板に大きなライオンの絵を描きました。教頭先生の専門は美術なので、こういうことは得意なのです。子どもたちは、大きなライオンの絵を見て、歓声をあげて喜びました。

授業が終わって教室を出ようとすると、一年生の子どもたちが教頭先生の周りに寄ってきて、

「行っちゃだめ、行っちゃだめ」

と言いました。教頭先生は、こんな一年生が可愛いくて可愛くて仕方がありませんでした。

九月〇日　一年補教

# 九月〇日　郵便局見学

きょうは、秋晴れのとても爽やかなよい天気です。二階にある職員室の窓から遠くの山々がくっきりとよく見えます。

きょうは、一年生の子どもたちが郵便局へ見学に行く日なのです。これから見学に行くために、一年生の子どもたちが廊下に並んでいました。ちょうどその時、教頭先生がそこをとおりかかったのです。

九月○日　郵便局見学

すると、一年生の子どもたちが、みんな教頭先生にとびかかったり、だきついたりしたのです。

それは、この前、教頭先生が一年生の教室へ補教に行った時に、お話をしてあげたり、手品をやってあげたりしたからなのです。

一年生の子どもたちは、教頭先生を心から慕ってくれているようでした。

教頭先生は、たまらなくなってしまいました。教頭先生に、飛びついたり、だきついたりする一年生が、可愛くて可愛くて仕方がありませんでした。なんて素直な子どもたちでしょう。なんて純真な子どもたちでしょう。

教頭先生は、こんな時、しみじみ考えるのでした。先生になって本当によかったなぁと。

九月〇日　郵便局見学

# 九月〇日　六年補教

九月〇日　六年補教

きょうは、朝から冷たい雨が降っています。

きょうは、六年生の先生が出張したため、教頭先生は、六年生の教室へ補教に行きました。

教頭先生は、初めに落語をやってあげました。落語は「まんじゅうこわい」をやってあげました。子どもたちは、大喜びでした。

落語の次に、国語の授業をやりました。教頭先生は、宮沢賢治の

「やまなし」を朗読してあげました。六年生の子どもたちは、教頭先生の朗読を真剣に聞いてくれました。

国語の授業が終わって、教頭先生が職員室へ戻ろうとしたら、数人の子どもたちが寄ってきて、こう言ったのです。

「教頭先生は、救え方がとても上手ですね。こんな授業なら、これからも時々教わりたいです。また来てください」

教師をやっていて、何がうれしいかと言って、こどもに褒められるほどうれしいことはありません。教頭先生は、歳が五十ほども違う子どもたちに褒められて、うれしくて仕方がありませんでした。

九月〇日　六年補教

# 十月〇日　遠足

十月〇日　遠足

きょうは遠足でした。真っ青な空、天気は上々です。

教頭先生は、六年生の付き添いで、那須へ行きました。バスを降りてロープウエイに乗りました。ロープウエイには、六年生と一緒に一般のお客さんも乗っていました。その中に、若いカップルの人が乗っていて、二人が抱き合って乗っていたのでした。それを見ていた六年生の女の子が、大きな声でこう言ったのです。

「教頭先生も女子大生にあんなふうに抱きついてもらいたいですか」

これには、教頭先生も何と答えていいか分からず困ってしまいました。

十月〇日　遠足

# 十月〇日　ＰＴＡ球技大会

きょうは、朝から雲一つないよい天気でした。

きょうは、教頭先生にとってとてもうれしいことがありました。

きょうは、同じ地域の三つの学校のＰＴＡの人たちの球技大会がありました。

教頭先生は、体育館の二階の席で、ＰＴＡの人たちのバレーボールの試合を見ていました。すると、

十月〇日　ＰＴＡ球技大会

「先生、お久しぶりです。先生に会えてとてもうれしいです」

と、後ろから声をかけられました。後ろを振り向くと、それは、数年前に別の学校へ勤めていた時の保護者の方だったのです。

その人は、容姿が美しいばかりでなく、もう五十を越しているのに、心が少女のように純真できれいな方でした。

そのような人に、「先生に会えてとてもうれしい」と言われ、教頭先生は、とてもうれしい気持ちになったのでした。

また、当時担任をしていた小さな女の子は、今は大学生となり、アメリカの大学で勉強しているという話をされていたのでした。教頭先生は、昔のことをしみじみ思い出したのでした。

十月〇日　ＰＴＡ球技大会

# 十月〇日　弁当袋

きょうは、秋晴れのとてもよい天気です。教頭先生は、今、静かな職員室でお弁当を食べています。きょうは土曜日で、授業は午前中で終わりです。今は、児童も教師も全部家に帰り、学校はとても静かです。その静かな職員室の中で、教頭先生は、たった一人でお弁当を食べています。

十月〇日　弁当袋

教頭先生は、普段の日は、休暇をとった先生の補教に出たりするので、自分の仕事がなかなか出来ないのです。そのため教育委員会へ提出する書類の仕事を、土曜の午後とか、時には日曜日などに学校へ来てやっているのです。

教頭先生は、お弁当を袋から取り出しました。この袋はただの袋ではなくて教頭先生にとっては、特別な思い出のある袋だったのです。

何年か前、教頭先生がまだ学級担任をしていた時に、クラスにS子という子がいました。S子は、とても辛抱強く、勉強もお掃除も何でも一生懸命やる子どもでした。

ある日のこと、それは雪の降るとても寒い日のことでした。お掃除の時間に、S子は、冷たい水でぞうきんをしぼり、一生懸命に床をふいていました。教頭先生（当時は担任）は、それを見てとても感動し、褒めてあげたことがありました。

そのことと関係があるかどうか分かりませんが、S子が卒業する時に、教頭先生に、自分で作ったお弁当の袋をくれたのでした。

教頭先生は、その袋を今も大切に持っているのです。そして、今食べているお弁当もその袋に入れて持ってきたのです。教頭先生は、いつもお弁当を食べる時に、S子のことを思い出すのです。

十月〇日　弁当袋

# 一月〇日　石油運び

一月に入って、寒さが一段と厳しくなりました。校舎の裏側に、霜柱がたくさん立っています。

教頭先生は、いつも一番早く学校へ来て、鍵を開けて職員室へ入るのです。そして、石油ストーブをたいて部屋を暖めるのです。

教頭先生は、時々石油を取りに、下の階の石油庫へ行きます。

ある時、教頭先生が、石油庫からポリタンクに石油を入れ、職員

室へ行く途中、階段を上っていたら、六年生の女の子が、下から上がってきて、

「教頭先生、だいじょうぶですか、お持ちしましょうか」

と言ったのです。もう、老人に近くなった教頭先生を見て、女の子が声を掛けてくれたのです。

教頭先生は、心の中で思いました。なんて優しい子だろう。こん

な子が自分の学校にいるなんて、とてもうれしいことだ。

そして、つくづく考えたのでした。教育で最も大切なことは、国語や算数の点数を伸ばすことだけではなく、心の優しさを育てることではないだろうかと。

一月〇日　石油運び

# 二月十四日　バレンタイン

毎日寒い日が続いています。今日はバレンタインデーです。教頭先生は、教育委員会へ提出する書類を朝から一生懸命に作っていました。すると、二時間目の休み時間に、三年生の女の子が二人、職員室へ入って来ました。そして、教頭先生の机の前に来て、こう言ったのです。

「教頭先生、目をつぶってください。そして、私たちが目を開いていいですと言うまで、目をつぶっていてくださいね。教頭先生、手を出してください」

そう言って、女の子たちは、教頭先生の手に小さなチョコレートを載せました。

「はい、教頭先生、目を開いてください」

教頭先生が目を開くと、小さなチョコレートが手に載っていたのでした。

「わー、チョコレートだ。ありがとう」

と、教頭先生は大きな声で言いました。それにしても、なんて可愛い子どもたちでしょうか。ただ普通に、「チョコレートあげます」と言うのではなく、子どもなりに考えた方法で渡してくれたのです。

教頭先生は、三年生の子どもが可愛くて可愛くて仕方がありませんでした。

二月十四日　バレンタイン

# 一番いい先生

これは教頭先生がまだ若かった頃、学級担任をしていた時の出来事です。国語の時間に作文を書かせました。作文の題は自由題でした。

放課後、子どもたちが帰った後、静かな教室で子どもたちが書いた作文を一つ一つ丁寧に読んでいました。すると、こんな作文があったのです。作文は、「先生」という題でした。内容はこんなものでした。「私は、これまでに何人もの先生に受け持たれました。一年、二年、三年と、色々な先生に受け持たれ、みんないい先生でしたが、その中で一番いい先生は、今受け持たれている小林先生です。小林先生は、いつもにこにこしています。ほとんど怒ったことがありません。そして、少しでもよいところがあると、必ず褒めてくれるのです。私は、こんな先生が大好きです。」

と、こんなことが書かれてあったのです。教頭先生は、まだ担任があった若い時、この作文を読んでとてもうれしくなったのでした。それは、自分の教育の考え方が間違っていなかったと思ったからでした。教頭先生は、いつも心で思っていたのでした。小学校の教育で一番大切なことは笑顔だと。そして、少しでもよいところがあったら必ず褒めてあげることだと。

# 尊敬する人

これも学級担任時代にあった出来事です。

卒業生を送り出してから、約一か月ほど経ったある日のことでした。中学生になった教え子たちが遊びに来てくれたのです。

中学校の生活について色々なことを話してくれた中で、こんなことを話してくれたのです。

中学校で、国語の勉強をしていた時に、先生がこんな質問をしたのだそうです。

「みなさんは、心の中で、だれか尊敬する人はいますか」

と。すると、当時担任だったA子が、さっと手を挙げて、

「はい、私が尊敬している人は、小学校の時の担任だった、小林先生です」と言ったそうです。

この話を聞いて、教頭先生は本当にうれしくなってしまいました。

A子は、なぜ教頭先生を尊敬してくれたのだろうか。それは多分、教頭先生の教育方針をよく理解してくれたからだろうと思いました。教頭先生は、どんな時でも、子どもの前では笑顔でいようと努力をしていたのでした。このことが、子どもたちによい印象を与えたのだろうと思いました。教頭先生は、先生になって本当によかったと思いました。

# 手紙

定年退職の日が近づいてきたある日のことでした。教頭先生が、夜遅くまで学校で仕事をして家に帰ると、机の上に一通の手紙が置いてありました。それは、ピンク色の封筒で、多分教え子からのものだろうと、すぐに分かりました。教頭先生は封筒を開けてみました。手紙には、次のようなことが書かれていました。

「小林先生、こんにちは、私は今高校三年生です。来年は大学受験なので、今受験勉強を頑張っています。この間、学校から作文の宿題が出されました。作文の題は、『将来の夢』です。私の将来の夢は、小学校の先生になることです。そして、小林先生のような先生になりたいと思っています。私は、そんなことを作文に書きました」

と、こんなことが手紙に書かれていたのです。なんてうれしいことでしょうか。これは、教頭先生が長年ずっと求めていたことなのです。教え子から尊敬されるような先生になること、そして、教え子から私のような先生になりたいと言われること、それを夢見て長年ずっと努力を続けてきたのでした。それが今やっと実ったのです。この手紙には、教頭先生の努力がいっぱい詰まっているのです。

教頭先生は、手紙を何度も何度も読み返しました。

# 三月三十一日　定年退職

いよいよ、教頭先生の定年退職の日がやってきました。

学校は春休み中でしたが、大勢の子どもや保護者の方たちが集まってきてくれました。そして、花束やプレゼントなどを渡してくれたのです。

三年生のA子は、教頭先生の手をしっかり握って、離そうとしませんでした。

三月三十一日　定年退職

いつまでも離れがたく思っていたら、校長先生に「もういいだろう」と言われたので、教頭先生は車に乗って家路に着いたのでした。

教頭先生は、車の中でしみじみ考えていたのでした。「先生になって本当によかった」と。

三月三十一日　定年退職

# 教頭先生の教育方針

（長年の教職経験から得られたこと）

一　教師として最も大切なことは笑顔です。

教師は、子どもの前では、いつでも、どんな時でも笑顔でいることが大切です。

だれでも、嫌なことがある時があるかもしれません。そんな時でも、子どもの前では笑顔でいることが大切です。

二　子どもをよく観察して、何か少しでもよいことがあったら、必

ず褒めてあげることが大切です。子どもは、褒められればまたよいことをしようとするものです。(子どもは褒めて育てる)

三　できるだけ、子どもをあまり叱らないようにする。子どもが何かいたずらをしたときには、すぐに叱ることはしないで、なぜ、その子がそういういたずらをしたのか、考えてあげるようにする。

# 教頭先生の教育方針

# あとがき

この本は、私が教頭時代に経験したことをありのままに書いたものです。学級担任の時にあったことも少し混ぜて書いてあります。昔のことなので、今の時代に合わないところもありますが、若い先生方に読んでいただき、何かの参考にしていただけたらありがたいです。

小林武雄

[著者紹介]

小林　武雄（こばやし　たけお）

1936年　神奈川県に生まれる。
1997年　小学校教員退職。
2006年　およそ10年をかけて全国の文化財を訪ね歩き、「これだけは見ておきたい各県一か所の旅」を出版。
2007年　随想舎から「宇都宮大空襲　一少女の記録」を出版。
2009年　随想舎から「戦時下の女学生たち」を出版。
2010年　随想舎から「少年とハト」を出版。
2011年　随想舎から「安善寺物語」を出版。
2012年　随想舎から「孝子桜」を出版。
2014年　随想舎から「栃木の宝物50選」を出版。
2018年　随想舎から「鉢の木ものがたり」を出版。


ある日の教頭先生　こんなことがありました

2024年9月30日　第1刷発行

著　者 ● 小林　武雄

発　行 ● 有限会社 随 想 舎


〒320-0033 栃木県宇都宮市本町10−3 TSビル
TEL 028-616-6605　FAX 028-616-6607
振替 00360－0－36984
URL http://www.zuisousha.co.jp/


印　刷 ● モリモト印刷株式会社

装丁 ● 栄舞工房



ISBN978-4-88748-437-5